BEI GRIN MACHT SICH IHR WISSEN BEZAHLT

- Wir veröffentlichen Ihre Hausarbeit, Bachelor- und Masterarbeit

- Ihr eigenes eBook und Buch - weltweit in allen wichtigen Shops

- Verdienen Sie an jedem Verkauf

Jetzt bei www.GRIN.com hochladen und kostenlos publizieren

Evelyn Bäumler

Schüler mit koordinativen Auffälligkeiten

GRIN Verlag

Bibliografische Information der Deutschen Nationalbibliothek:

Die Deutsche Bibliothek verzeichnet diese Publikation in der Deutschen National-
bibliografie; detaillierte bibliografische Daten sind im Internet über http://dnb.d-
nb.de/ abrufbar.

Dieses Werk sowie alle darin enthaltenen einzelnen Beiträge und Abbildungen
sind urheberrechtlich geschützt. Jede Verwertung, die nicht ausdrücklich vom
Urheberrechtsschutz zugelassen ist, bedarf der vorherigen Zustimmung des Verla-
ges. Das gilt insbesondere für Vervielfältigungen, Bearbeitungen, Übersetzungen,
Mikroverfilmungen, Auswertungen durch Datenbanken und für die Einspeicherung
und Verarbeitung in elektronische Systeme. Alle Rechte, auch die des auszugsweisen
Nachdrucks, der fotomechanischen Wiedergabe (einschließlich Mikrokopie) sowie
der Auswertung durch Datenbanken oder ähnliche Einrichtungen, vorbehalten.

Impressum:

Copyright © 2013 GRIN Verlag GmbH
Druck und Bindung: Books on Demand GmbH, Norderstedt Germany
ISBN: 978-3-656-64317-3

GRIN - Your knowledge has value

Der GRIN Verlag publiziert seit 1998 wissenschaftliche Arbeiten von Studenten, Hochschullehrern und anderen Akademikern als eBook und gedrucktes Buch. Die Verlagswebsite www.grin.com ist die ideale Plattform zur Veröffentlichung von Hausarbeiten, Abschlussarbeiten, wissenschaftlichen Aufsätzen, Dissertationen und Fachbüchern.

Besuchen Sie uns im Internet:

http://www.grin.com/

http://www.facebook.com/grincom

http://www.twitter.com/grin_com

Schüler mit koordinativen Auffälligkeiten

Hausarbeit im Fach
Sportförderunterricht

Universität Erfurt
Erziehungswissenschaftliche Fakultät
Fachbereich Sport- und Bewegungspädagogik

vorgelegt von: Evelyn Bäumler

Abgabedatum: 18.07.2013

Gliederung

1 Einleitung

„Probleme in der Körperkoordination beeinträchtigen das Lernen von Bewegungsfertigkeiten und Sportarttechniken"

Immer wieder haben Lehrpersonen mit Kindern zu tun, die sich nicht unbedingt in einer, von der Gesellschaft festgelegten, Norm bewegen. Gerade im Sportunterricht gibt es viele Unterschiede bei den Leistungen der Schüler. Doch in wie weit hängen sportliche Leistungsdefizite mit den koordinativen Fähigkeiten der Kinder zusammen? Die anfangs genannte These zeigt den Grundgedanken dieser Arbeit auf. Die Hausarbeit trägt den Titel: „Schüler mit koordinativen Auffälligkeiten". Sie beschäftigt sich mit koordinativen Fähigkeiten und dem Umgang mit leistungsschwächeren Kindern. Verschiedene Gliederungspunkte sollen dabei helfen, sich mit der These in kritischer Betrachtung auseinander zu setzen.

Zu Beginn sollen die wichtigen Begriffe geklärt, die allgemeinen Aspekte und die anatomisch-physiologischen Grundlagen des Themas beleuchtet werden. Daraufhin wird auf die koordinativen Schwächen eingegangen. Welche verschiedenen koordinativen Fähigkeiten gibt es? Wie erkennt man Koordinationsschwächen? Was sind ihre Ursachen? Und wie kann man als Lehrperson damit umgehen? Das sind Fragen und Themen, die in dem folgenden Text behandelt werden sollen. Zudem zeigt diese Arbeit einige Übungsvorschläge zur Förderung der verschiedenen Fähigkeiten.

Am Ende der Arbeit wird die Eingangsthese noch einmal aufgegriffen und individuelle Gedanken dazu geäußert.

2 Definitionen

2.1 Koordination

Ganz allgemein ausgedrückt, bedeutet das Wort Koordination: Ein Abstimmen verschiedener Vorgänge, das miteinander in Einklang bringen von unterschiedlichen Dingen[1]. Wenn Koordination als ein biologischer und sportlich-relevanter Aspekt gesehen wird, so bedeutet Koordination das Zusammenwirken von dem Zentralnervensystem und der Skelettmuskulatur innerhalb eines Bewegungsablaufs[2].

2.2 Koordinative Fähigkeiten

Koordinative Fähigkeiten sind eine „Klasse motorischer Fähigkeiten, die vorrangig durch die Prozesse der Bewegungsregulation bedingt sind und relativ verfestigte und generalisierte Verlaufsqualitäten dieser Prozesse darstellen. Sie sind Leistungsvoraussetzungen zur Bewältigung dominant-koordinativer Anforderungen"[3]

3 Aspekte der Koordinativen Fähigkeiten

3.1 Allgemeine Aspekte

Eine einzelne koordinative Fähigkeit bestimmt nicht isoliert die sportliche Leistung. Vielmehr müssen die Beziehungen der koordinativen Fähigkeiten bei der jeweiligen Bewegung oder Sportart gesehen werden. Oft besteht auch eine Verbindung zu den konditionellen Fähigkeiten. Die koordinativen Fähigkeiten sind ein wichtiger Faktor, der die sportliche Leistungsfähigkeit beeinflusst, doch nur selten werden Koordinationsschwächen als Grund für die Teilnahme am Sportförderunterricht angegeben. Unter anderem könnte das daran liegen, dass die Koordinationsfähigkeit vom Schularzt bei Schuluntersuchungen kaum beachtet wird. Auch können Sportlehrer nur selten mehrmals in der Woche das Bewegungsverhalten ihrer Schüler so genau beobachten, dass sie eine klare und genaue Aussage über ihre koordinativen Fähigkeiten treffen können. Weiterhin spielt das Fehlen von

---

1 Vgl. Baumann, R./ Emmrich, U./ Schneider-Nicolay, B. (2002). (S. 239)
2 Vgl. Baumann, F. T./ Schüle, K. (Hrsg.) (2008). (S. 75)
3 Vgl. Schnabel, G./ Thiess, G. (1993). (S. 281)

2

alltags-praktikablen Testverfahren zur Bestimmung einer altersgemäßen Bewegungskoordination dabei eine Rolle.[4]

3.2 Einteilung der koordinativen Fähigkeiten

Fähigkeiten unterscheiden verschiedene Bereiche. Die Einteilungsmöglichkeiten sind im Großen und Ganzen ähnlich, unterscheiden sich dennoch in bestimmten Dingen. So sind es beispielsweise nach Hirz fünf koordinative Fähigkeiten: Kinästhetische Differenzierungsfähigkeit, Räumliche Orientierungsfähigkeit, Gleichgewichtsfähigkeit, Komplexe Reaktionsfähigkeit und Rhythmusfähigkeit. Diese Arbeit bezieht sich allerdings auf die Unterteilung von Meinel und Schnabel. Diese unterscheidet sieben Fähigkeiten.

3.2.1 kinästhetische Differenzierungsfähigkeit

Die kinästhetische Differenzierungsfähigkeit bezieht sich auf Genauigkeit und Ökonomie von Teilbewegungen und auf die Feinabstimmung des gesamten Bewegungsvollzugs. Es soll eine qualitativ hohe Bewegungsleistung vollbracht werden. Im Vordergrund steht dabei die Zielanpassung von Auge-Hand- und Auge-Fuß-Koordination.[5]

3.2.2 Reaktionsfähigkeit

Die Reaktion ist die Fähigkeit eine schnelle Einleitung und Ausführung zweckmäßiger motorischer Aktionen auf unterschiedliche Reize und Signale durchzuführen. Eine große Rolle spielt dabei die Funktionsfähigkeit des optischen und akustischen Analysators.[6]

3.2.3 Kopplungsfähigkeit

Die Kopplungsfähigkeit ist die Fähigkeit, Teilkörperbewegungen bzgl. eines bestimmten Handlungsziels räumlich, zeitlich und dynamisch aufeinander abzustimmen.[7]

---

4   Vgl. Rusch, H./ Weineck, J. (2007) (S. 243)
5   Vgl. Rusch, H./ Weineck, J. (2007) (S. 99)
6   Vgl. Rusch, H./ Weineck, J. (2007) (S. 100)
7   Vgl. Meinel, K./ Schnabel, G. (2007) (S. 223)

3.2.4 Orientierungsfähigkeit

Unter Orientierungsfähigkeit versteht man die Bestimmung und zieladäquate Veränderung der Lage und Bewegung des Körpers in Raum und Zeit bezogen auf ein definiertes Aktionsfeld oder ein sich bewegendes Objekt.[8]

3.2.5 Gleichgewichtsfähigkeit

Die Gleichgewichtsfähigkeit ist die Grundlage für jede Bewegungshandlung. Sie ist immer dann gefordert, wenn durch Lageveränderungen die Position des Körperschwerpunkts zur Stützfläche gestört wird. In Balance besteht ein Spannungszustand gegen Schwerkraft und ständige Drehtendenzen. Das Gleichgewicht unterscheidet statisches, dynamisches und Objektgleichgewicht. Statisches Gleichgewicht meint eine stabile Körperposition auf dem Boden, Geräten und verschiedenen Untergründen. Das dynamische Gleichgewicht bezieht sich auf unterschiedliche Fortbewegungsarten auch über Hindernisse. Als Objektgleichgewicht wird das Gleichgewicht beim Balancieren von Geräten bezeichnet.[9]

3.2.6 Umstellungsfähigkeit

Die Fähigkeit während des Handlungsvollzugs das Handlungsprogramm veränderten Umgebungsbedingungen anzupassen oder evtl. ein völlig neues und adäquates Handlungsprogramm zu starten, nennt man Umstellungsfähigkeit.[10]

3.2.7 Rhythmisierungsfähigkeit

Fähigkeit, einen von außen vorgegebenen Rhythmus zu erfassen und motorisch umzusetzen. Außerdem die Fähigkeit, einen verinnerlichten Rhythmus einer Bewegung in der eigenen Bewegungstätigkeit zu realisieren.[11] Dazu gehören neben musikalischen Rhythmen auch die Abläufe verschiedener sportlicher Techniken. in der Leichtathletik sind beispielsweise Anläufrhythmen für Hoch- beziehungsweise Weitsprung von großer

---

8 Vgl. Meinel, K./ Schnabel, G. (2007) (S. 225)
9 Vgl. Rusch, H./ Weineck, J. (2007) (S. 100)
10 Vgl. Meinel, K./ Schnabel, G. (2007) (S. 226)
11 Vgl. Meinel, K./ Schnabel, G. (2007) (S. 227)

Bedeutung. Auch das Schwimmen, Turnen, Spielsportarten, wie Fußball oder Handball und weitere Sportarten werden durch Bewegungsrhythmen bestimmt.

4 Anatomisch-physiologische Grundlagen

Bei der Steuerung von Bewegungsabläufen vollbringt das Gehirn eine anspruchsvolle und außergewöhnliche Leistung. Die menschliche Motorik ist ein sich selbst regulierendes Rückkopplungssystem. Es werden Informationen aus der Umgebung oder dem Organismus über afferente, also zum Zentralnervensystem verlaufende, sensorische Nervenbahnen zum Zentralnervensystem geleitet und dort verarbeitet und gespeichert. Unmittelbar oder zu einem späteren Zeitpunkt werden sie für den Vollzug einer Bewegungshandlung über afferente, vom Zentralnervensystem weglaufende Bahnen in eine motorische Aktion umgesetzt.

In jeder Phase eines Bewegungsablaufs muss das Gehirn in Bruchteilen von Sekunden eine große Anzahl von Aufgaben erfüllen. Dazu zählen die Abstimmung der Bewegung von Rumpf und Extremitäten und die ständige Anpassung interner Bewegungsprogramme an äußere Gegebenheiten, wobei komplexere Sinneswahrnehmungen in die Bewegungsprogramme integriert werden müssen. Außerdem gehört dazu die Aktivierung und Koordination aller an einer Bewegung beteiligten Muskeln.

Damit die Bewegung gewährleistet werden kann, sind bestimmte Rahmenbedingungen notwendig. Es muss das Gleichgewicht erhalten, das Herz-Kreislaufsystem oder das Atemsystem an die Belastung angepasst und die Bewegungsfolge in ein adäquates Verhaltensmuster eingegliedert werden.

Für jeden dieser genannten Vorgänge sind bestimmte Gehirnstrukturen bekannt. Allerdings entzieht sich die genaue Kenntnis der Prozesse, der die isolierten Bausteine zu einem Ganzen zusammenfügen, noch vielfach unserem Verständnis.

Für ein Kind, welches sich in einer koordinativen Lernphase befindet ist es von Bedeutung, dass ausreichende Reize zum Ausbau der Vernetzungsstrukturen seiner hochgradig adabtionsfähigen Hirnareale gegeben werden. Das ist wichtig für die Vergrößerung und der plastischen Ausgestaltung des Gehirns.

Alles in allem ist zu bedenken, dass Kinde, welche die Phase der höchsten Lernfähigkeit im Wachstumsprozess zelebraler Strukturen größtenteils nicht nutzen, werden bei der Entwicklung ihrer koordinativen Fähigkeiten schlechtere Voraussetzungen für ihre spätere sportliche Leistungsfähigkeit mitbringen.

Während des Prozesses des Bewegungslernen und somit der Verbesserung der koordinativen Fähigkeiten wird das Zusammenspiel der verschiedenen Steuerungsebenen präzisiert, ökonomisiert und neu strukturiert. Bewegungen, die zuvor über eine bewusste Kontrolle der räumlichen, zeitlichen und dynamischen Bewegungskomponenten realisiert wurden, werden zunehmend automatisiert.die automatisierten Bewegungen werden auf tieferer Ebene abgewickelt. Das passiert unbewusst und ohne eine Großhirnkontrolle. So wird die Großhirnrinde entlastet und kann sich anderen, mit der Bewegungsausführung verbundenen Rahmenaufgaben zuwenden.[12]

5 Koordinative Schwächen

5.1 Erkennen von Schwächen

Eine altersgemäße Bewegungskoordination ist ein harmonisches und möglichst ökonomisches Zusammenspiel von Muskeln, Nerven und Sinnen zu zielgenauen gleichgewichtssicheren Bewegungsaktionen (Willkürmotorik) und schnellen situationsangepassten Reaktionen (Reflexmotorik).
Eine Koordinationsschwäche liegt vor, wenn ein Zustandsbild einer gesamtmotorischen Instabilität erkennbar wird. Dieser Zustand ist durch qualitative Mängel in der Bewegungsausführung gekennzeichnet. Die Mängel sind zurückzuführen auf ein unvollkommenes Zusammenwirken des senso-neuro-muskulären Funktionsgefüges.
Die Schwächen äußern sich in unangepassten, unzweckmäßigen und unökonomischen Muskelaktionen und Muskelreaktionen aufgrund dynamisch-zeitlich-räumlich inadäquater Impulsdosierung. Die Kinder mit Koordinationsschwächen fallen unter anderem wegen ihres mangelnden Bewegungsschatzes auf.[13]

5.2 Ursachen von Schwächen

Koordinative Schwächen können durch unterschiedliche Faktoren ausgelöst werden. Entwicklungsbedingte Schwächen, die sich in der frühen Kindheit einstellen, können durch bestimmte Bewegung und ein entsprechendes Übungsangebot wieder reguliert werden und sich dadurch verlieren.

---

12 Vgl. Rusch, H./ Weineck, J. (2007) (S. 245-262)
13 Vgl. Rusch, H./ Weineck, J. (2007) (S. 244)

Koordinationsschwächen, die auf umweltbedingte Faktoren zurückzuführen sind, werden meist durch ein Mangel an Bewegung in der frühen Kindheit ausgelöst. Zudem kann ein zu geringes Bewegungsangebot in der Vor- und Grundschule dazu beitragen und ebenso eine zu enge Wohnung und fehlende tägliche Bewegungszeiten.

Diese entwicklungsbedingten und umweltbedingten Schwächen sind sensomotorische Koordinationsschwächen. Diese können durch Misserfolgserlebnisse zu psychomotorischen Koordinationsschwächen führen. Das zeigt sich durch das Verhalten der Kinder: Außenseiterverhalten, Mutlosigkeit, motorische Unsicherheit, Rückzug, Gehemmtheit, aggressives Verhalten und ähnliches.

Durch eine Störung des Reizaufnahme-, Wahrnehmungs-, Erkennungs-, und Vorstellungsvermögens oder durch mindere Muskeleigenschaften können hirnanatomische Koordinationsschwächen auftreten.

Weitere Ursachen sind möglicherweise konstitutionsbedingt oder werden herbeigeführt durch Haltungs- oder Organleistungsschwächen.[14]

6 Umgang mit Koordinativen Schwächen

6.1 Konsequenzen für die Schulpraxis und den Sportförderunterricht

Um mit Kindern, die an Schwächen in ihrer koordinativen Leistung leiden, einen angemessenen Umgang zu finden, muss die Lehrkraft wichtige Faktoren beachten und umsetzen.

Es sollten zunächst angemessene Motivation und Lernerfolge geschafft werden. Motivation dient als Lernverstärker, da alle am Lernprozess beteiligten Systeme durch die erhöhte Aufmerksamkeit und Lernbereitschaft schärfer auf die Wahrnehmungs-, Verarbeitungs-, Entscheidungs- und Ausführungsmechanismen eingestellt werden. Zudem erhöht und beschleunigt die Motivation die dem Lernprozess zugrunde liegenden molekularbiologischen Gedächtnisprozesse. Für den Schulunterricht, Vereinsarbeit, den Sportförderunterricht und andere Einrichtungen und Veranstaltungen bedeutet das: Den Kindern und Jugendlichen soll es „Spaß machen" sich zu bewegen. Das kann nur geschafft werden, wenn eine leistungsadequate Förderung mit kind- bzw. jugendgemäßen Übungen in abwechslungsreicher Form durchgeführt wird. Das ist die Grundvoraussetzung für eine längerfristige Motivationskonstanz.

---

14 Vgl. Rusch, H./ Weineck, J. (2007) (S. 244-245)

Die Lehrperson muss außerdem auf eine angemessene Lernkontrolle und Pausengestaltung achten. Das bedeutet, dass die Kinder zwar gefordert und gefördert werden sollen, aber dabei Überbelastungen zu vermeiden sind. Um dies umzusetzen ist es von großer Bedeutung, angebrachte Unterrichtsmethoden zu finden. Hierbei spielen eine abwechslungsreiche Unterrichtsgestaltung und wechselnde Schwerpunkte eine große Rolle. Es gilt zu beachten, dass sich die Kinder nicht immer auf die gleiche Art und Weise entwickeln. Es gibt unterschiedliche Lerntypen, die unterrichtsmethodisch berücksichtigt werden müssen.

Bei der Korrektur ist es wichtig, auf den erkannten Fehler hinzuweisen, aber nicht die Motivationslage des Schülers zu beeinträchtigen, sodass kein Lernstress entsteht. Der Inhalt der Korrektur sollte vor allem bei leistungsschwachen Kindern auf das Wesentliche beschränkt und der Auffassungskapazität des Schülers angepasst sein. Auch hier müssen die individuellen Präferenzen berücksichtigt werden.

Es muss die Aufgabe des Sportförderunterrichts sein, das vorliegende übungsmangelbedingte koordinative Leistungsdefizit durch eine allmähliche Erweiterung des Bewegungsschatzes zu vermindern. Es gelten dabei die allgemeinen pädagogischen Grundsätze, wie „vom Leichten zum Schweren" und „vom Einfachen zum Komplexen", um die verschiedenen leistungslimitierenden Faktoren einzudämmen. Nur durch eine abwechslungsreiche und vielseitige Förderung mit einem variablen Übungsangebot kann die koordinative Leistungsfähigkeit ausreichend geschult und damit verbessert werden.[15]

6.2 Übungsvorschläge

Für die Schulpraxis sind fünf der koordinativen Fähigkeiten besonders wichtig: kinästhetische Differenzierungsfähigkeit, Reaktionsfähigkeit, Orientierungsfähigkeit, Gleichgewichtsfähigkeit und Rhythmisierungsfähigkeit.
Im folgenden Teil werden nur ein paar wenige Vorschläge zu Übungen dargestellt, die diese verschiedenen Fähigkeiten unterstützen und fördern.

---

15 Vgl. Rusch, H./ Weineck, J. (2007) (S. 260-262)

6.2.1 Förderung der verschiedenen koordinativen Fähigkeiten

Um die koordinativen Fähigkeiten möglich effektiv fördern zu können, müssen die jeweiligen Entwicklungsphasen berücksichtigt werden. Eine intensive Entwicklung der Reaktionsfähigkeit findet etwa im Alter von 9 bis 12 statt. Die Orientierungsfähigkeit entwickelt sich sehr stark im Alter von 10 bis ungefähr 15. Von 9 bis 13 besitzt die Gleichgewichtsfähigkeit einen Entwicklungshöhepunkt, die Rhythmusfähigkeit von etwa 9 bis 12 und die kinästhetische Differenzierungsfähigkeit von 7 bis 10.[16] Diese Entwicklungsphasen sollten bei der Überlegung zur Förderung allerdings nur eine Orientierung bilden und zur Unterstützung dienen. Andere Faktoren, wie die Individualität der Kinder und Jugendlichen, die institutionellen Gegebenheiten und weitere Umstände müssen ebenfalls beachtet werden.

Ziele	Spiel/ Übung	Durchführung
Förderung der Reaktionsfähigkeit	Reifenbolognese	Die Kinder laufen in einem vorgegebenen Feld durcheinander und auf ein Signal müssen sie sich so schnell wie möglich in einen Gymnastikreifen stellen. Es gibt immer einen Reifen weniger, als es Kinder gibt. Wer nicht in einem Reifen steht, scheidet aus. Das Kind, welches als letztes noch übrig ist, gewinnt.[17]
	Andere Beispiele: Feuer, Wasser, Sturm	
Förderung der räumlichen Orientierungsfähigkeit	Durcheinanderlaufen	Die Kinder laufen kreuz und quer in einem abgegrenzten Feld ohne sich gegenseitig zu berühren. Das Feld wird mit der Zeit kleiner gemacht und der Schwierigkeitsgrad somit erhöht. Variationsmöglichkeit: einige Gegenstände hineinlegen, die ebenfalls nicht berührt werden dürfen[18]

---

16 Vgl. Sharma, D. K. (1993) (S. 27)
17 Vom Autor
18 Vgl. Rusch, H./ Weineck, J. (2007) (S. 99)

9

Förderung der dynamischen Gleichgewichts-fähigkeit	Hindernisparcours	Kinder müssen durch einen Parcours über verschiedene Geräte balancieren.[19]
Förderung der Rhythmisierungs-fähigkeit	Rhythmuspost	Übungsleiter oder ein Kind macht einen bestimmten Rhythmus vor und die anderen müssen diesen nacheinander nach machen. Der Rhythmus kann aus Klatschen, Stampfen und anderen Lauten oder Bewegungen bestehen.[20]
	Andere Beispiele: Aerobic, Bewegungsabläufe zu verschiedenen sportlichen Techniken (Anläufe, Korbleger beim Basketball,...)	
Förderung der kinästhetischen Differenzierungs-fähigkeit	Fangen und Werfen	Hierzu können verschiedene Übungen zum Fangen und Werfen von verschiedenen Bällen auf unterschiedliche Ziele aus unterschiedlichen Entfernungen durchgeführt werden. Beispielsweise in Partnerübungen, alleine oder eingebaut in Spiele.[21]
	Andere Beispiele: Jonglieren, Koordinationsmehrkämpfe	

6.2.2 Einbeziehung unterschiedlicher Materialien

Für die Förderung der einzelnen Fähigkeiten gibt es mannigfaltige Varianten und Möglichkeiten, die unterschiedlichsten Materialien in Einzel-, Partner- oder Gruppenübungen mit einzubeziehen. Die Geräte und Materialien in den Schulen sind begrenzt. Somit sollen hier ein paar Beispiele für Alltagsmaterialien gegeben werden, die zum einen Abwechslung bieten und zum anderen für die Lehrpersonen ohne großen Aufwand zu beschaffen sind.

Übungen mit Luftballons haben zum Beispiel einen hohen Anforderungscharakter. Sie eignen sich, aufgrund ihrer Flugeigenschaften, besonders für die Förderung der Reaktion und der Anpassung. Durch eine gewisse Übungsintensität lässt sich auch die Leistungsfähigkeit des Herz-Kreislauf-Systems verbessern. Beispiele wären: Den Luftballon mit verschiedenen

19 Vgl. Rusch, H./ Weineck, J. (2007) (S. 100)
20 Vom Autor
21 Vgl. Rusch, H./ Weineck, J. (2007) (S. 100)

Körperteilen balancieren, mit einem Partner oder in der Gruppe zuspielen oder den Ballon bis zu einem Ziel treiben.

Um die Balancierfähigkeit, Anpassungs- und Wahrnehmungsfähigkeit, Reaktion, Geschicklichkeit und Gewandtheit zu verbessern, bieten sich Teppichfliesen an. Mit den Fließen können Hindernisse umlaufen werden, Fangspiele gespielt oder übersprungen werden. Sie bieten sich auch für Staffelspiele an.[22]

Zur Förderung der Koordination geben auch Bierdeckel einige Möglichkeiten. Sie mit verschiedenen Körperteilen zu halten oder zu Werfen hilft die kinästhetische Differenzierungs-fähigkeit zu verbessern. Auch können in einem Raum Bierdeckelwege gelegt werden, um die Orientierung zu fördern.[23]

Ebenso können Zeitungen ein gutes Mittel sein, um kreative Übungen mit Kindern durchzuführen. Es gibt aber noch viele weitere Materialien, die Möglichkeiten für einen abwechslungsreichen Sportunterricht gewährleisten. Dabei ist die Lehrperson zwar die treibende Kraft, es können aber ebenso die Kinder selbst spielerisch und individuell die vorgegebenen Materialien erkunden und deren Möglichkeiten ausprobieren. Ein selbstständiges Erfahren und Testen eines Materials hilft, die Kinder nicht zu überfordern. Sie können so in ihren eigenen Möglichkeiten Bewegungen ausprobieren und der Kreativität sind dabei keine Grenzen gesetzt.

---

22 Vgl. Rusch, H./ Weineck, J. (2007) (S. 101-102)
23 Vgl. Gödde, E./ Zepp, S. (Pdf)

7. Fazit

„Probleme in der Körperkoordination beeinträchtigen das Lernen von Bewegungsfertigkeiten und Sportarttechniken"

Wie schon in Punkt 3.1 erwähnt sind die koordinativen Fähigkeiten ein Faktor, der die sportliche Leistungsfähigkeit beeinflusst. Diese Beeinflussung kann positiv sein, wenn ein Kind gut ausgebildete koordinative Fähigkeiten besitzt. Sie kann aber auch negativ sein, indem zum Beispiel gewisse Bewegungsfertigkeiten und Techniken nicht beherrscht werden. Natürlich spielen hier neben Koordinationsschwächen auch noch andere Faktoren eine Rolle. Motivation, die psychische Verfassung, aber auch konditionelle Fähigkeiten sind wichtige Punkte im Bereich der Leistungsfähigkeit. Es ist aber auch nicht von der Hand zu weißen, dass kein Tanz ohne Rhythmus getanzt und keine Balkenkür ohne Gleichgewicht geturnt werden kann. So könnten für jede der koordinativen Fähigkeiten verschiedene Beispiele gefunden werden, bei denen deutlich wird, dass bestimmte Techniken und Bewegungsabläufe nicht ohne die jeweilige Koordination durchgeführt werden können. Dabei wirken die einzelnen Fähigkeiten zusammen und können nicht unbedingt isoliert und auch nicht ausschließlich als Ursache für fehlende sportliche Leistung betrachtet werden.

Ein entsprechendes Übungsangebot kann den Schwächen entgegenwirken und Kindern helfen, sich nicht nur im Sportunterricht, sondern auch im Alltag besser zurecht zu finden.

Literaturverzeichnis

Baumann, R./ Emmrich, U./ Schneider-Nicolay, B. (2002): Der Brockhaus von A-Z in drei Bänden. Augsburg: Weltbild

Baumann, F. T./ Schüle, K. (Hrsg.) (2008): Bewegungstherapie und Sport bei Krebs. Köln: Deutscher Ärzteverlag

Meinel, K./ Schnabel, G. (2007): Bewegungslehre Sportmotorik – Abriss einer Theorie der sportlichen Mororik unter pädagogischen Aspekt. Aachen: Meyer & Meyer

Rusch, H./ Weineck, J. (2007): Sportförderunterricht – Lehr- und Übungsbuch zur Förderung der Gesundheit durch Bewegung (6. überarbeitete und erweiterte Auflage). Schorndorf: Hofmann Verlag

Schnabel, G./ Thiess, G. (1993): Lexikon Sportwissenschaft. Band 1 A-K. Berlin: Sportverlag

Sharma, D. K. (1993): Biologisches Alter und koordinative Entwicklung in der Pubertät. Psychomotorik in Forschung und Praxis – Band 17 – Ernst-Moritz-Arndt-Universität Greifswald –. Kassel: Universität Gesamthochschule

Internetquellen:

Gödde, E./ Zepp, S.:Ideenpool zum Einsatz von Bierdeckeln im Sportunterricht in der Grundschule
URL: http://grundschule.bildung-rp.de/fileadmin/user_upload/grundschule.bildung-rp.de/ Downloads/Sport/Arbeitsplaene_Anregungen/Miteinander_spielen/Ideenpool_Bierdeckel.pdf
[Stand: 13.17.2013]